Impressum
Verlag: BABADADA GmbH, Nedderfeld 112 , 22529 Hamburg
Geschäftsführer / Verlagsleitung: Harald Hof
Druck: Books on Demand GmbH, In de Tarpen 42, 22848 Norderstedt

Imprint
Publisher: BABADADA GmbH, Nedderfeld 112 , 22529 Hamburg, Germany
Managing Director / Publishing direction: Harald Hof
Print: Books on Demand GmbH, In de Tarpen 42, 22848 Norderstedt

l'école
قوتابخانە

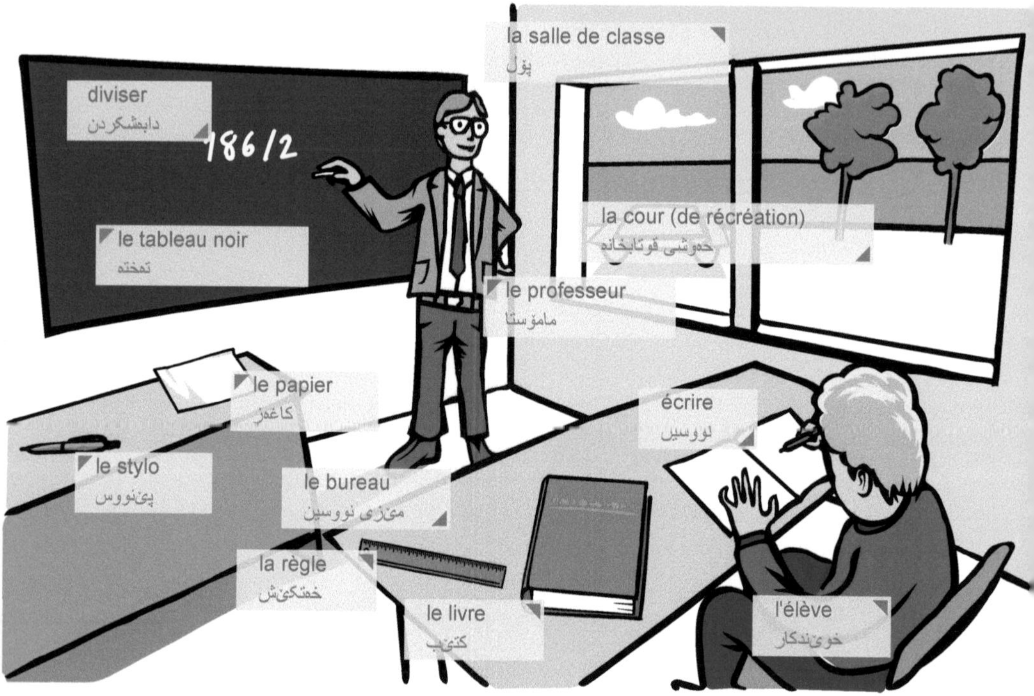

la salle de classe
پۆل
diviser
دابەشکردن
186/2
le tableau noir
تەختە
la cour (de récréation)
حەوشی قوتابخانە
le professeur
مامۆستا
le papier
کاغەز
écrire
نووسین
le stylo
پێنووس
le bureau
مێزی نووسین
la règle
خەتکێش
le livre
کتێب
l'élève
خوێندکار

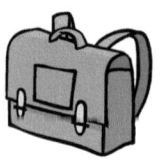

le cartable
چەواڵ

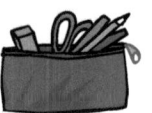

la trousse
جانتای پێنووس

le crayon
پێنووس

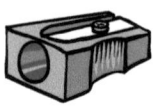

le taille-crayon
تیژکەرەوەی پێنووس

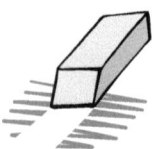

la gomme
ڕەشکەرەوە

le carnet à dessin
پەڕی نیگارکێشان

le dessin

نیگارکێشان

le pinceau

فلچمی ڕەنگ

la boîte de peinture

قوتووی ڕەنگ

les ciseaux

مەقەست

la colle

چەسپ، کەتیرە

le cahier d'exercices

کتێبی ڕاهێنان

les devoirs

کاری مالّەوە

le chiffre

ژماره

additionner

زیدمکردن

soustraire

کەمکردن

multiplier

لێکدان

calculer

حساباکردن، ژماردن

la lettre

پیت

l'alphabet

ئەلفوبێ

hello

le mot

وشه

le texte

نووسراوە، دەق

lire

خوێندنەوە

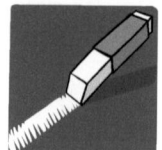

la craie

گەچ

la leçon

خول، دەرس

le livre de classe

تۆمارکردن

l'examen

ئەزموون، تاقیکردنەوە

le certificat

بڕوانامە

l'uniforme scolaire

جلی قوتابخانە

la formation

پەروەردە

le lexique

زانیاری نامە

l'université

زانکۆ

le microscope

میکرۆسکۆپ

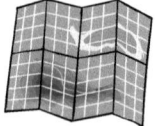

la carte

خەریتە، نەخشە

la corbeille à papier

سەبەتەی کاغەز

le voyage

سەفەر

l'hôtel
میوانخانە، هۆتێل
Grand
l'auberge
میوانخانە
ROOMS
le bureau de change
نووسینگەی گۆڕینەوەی دراو
CHANGE
la valise
جانتا، ساک
la voiture
ئۆتۆمۆبیل

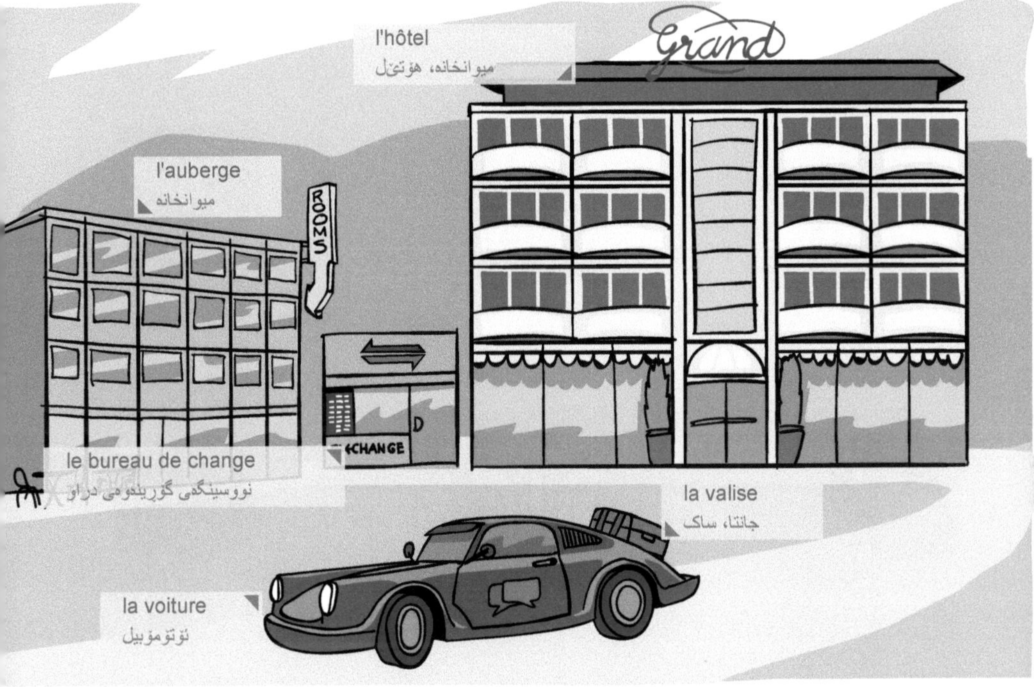

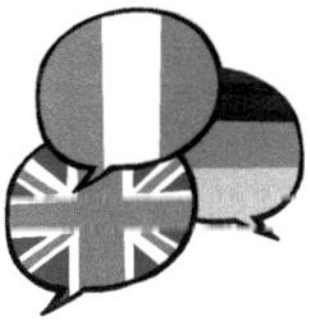

la langue

زمان

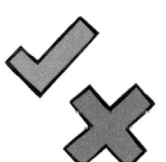

oui / non

بەڵێ / نەخێر

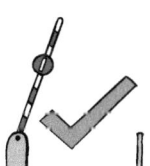

d'accord

باشە

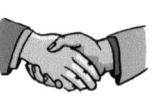

Salut

سڵاو

l'interprète

وەرگێڕی دەق

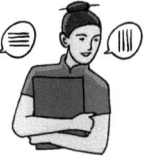

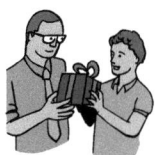

merci

سپاس

Combien coûte...?

بەچەندە ...؟

Je ne comprends pas

من تێناگەم

le problème

کێشە

Bonsoir !

ئێوارە باش!

Bonjour !

بەیانی باش!

Bonne nuit !

شەو باش!

Au revoir

ماڵئاوا، بەخێربچی

la direction

ئاراستە، ڕێڕەو

les bagages

جانتا

le sac

جانتا

le sac-à-dos

کۆڵەپشتی

l'hôte

میوان

la pièce

ژوور، دیو

le sac de couchage

کیسەخەو

la tente

چادر، دەوار

l'office de tourisme

زانیاری بۆ گەشتیار

la plage

کەناراو

la carte de crédit

کارتی قەرز

le petit-déjeuner

نانی بەیانی

le déjeuner

نانی نیوەڕۆ

le dîner

نانی شەو

le billet

بلیت

l'ascenseur

ئاسانسۆر

le timbre

پوول، تەمر

la frontière

سنوور

la douane

گومرک

l'ambassade

بالوێزخانە

le visa

ڤیزا

le passeport

پاسەپۆرت

le transport

گواستنەوە

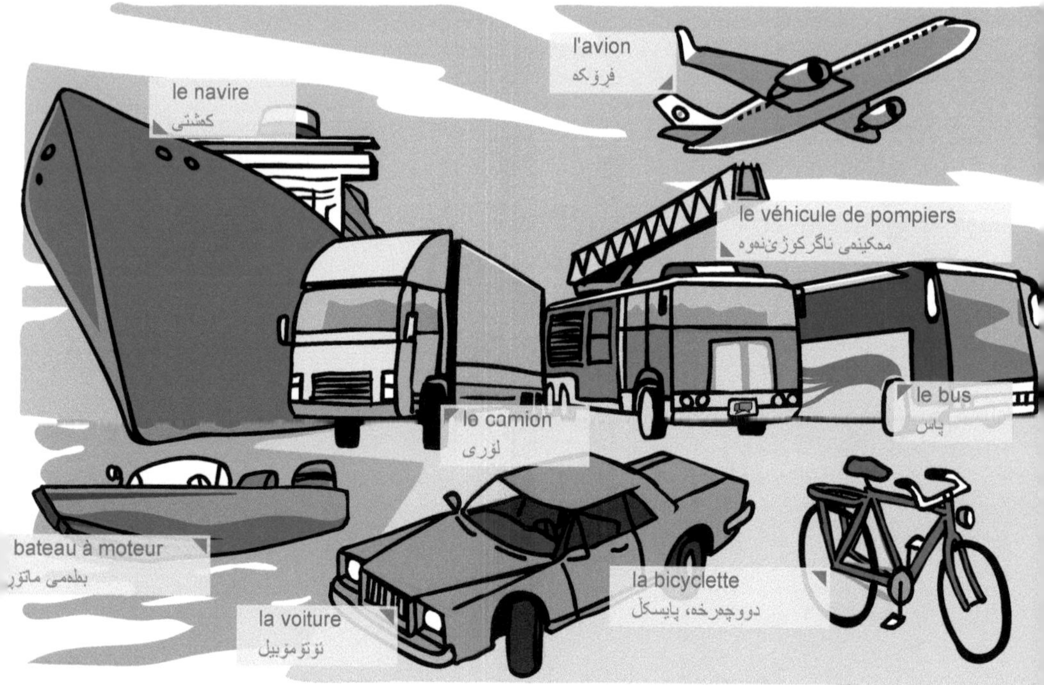

l'avion
فڕۆکە
le navire
کەشتی
le véhicule de pompiers
مەکینەی ئاگرکوژێنەوە
le bus
پاس
le camion
لۆری
bateau à moteur
بەلەمی ماتۆڕ
la bicyclette
دووچەرخە، پایسکل
la voiture
ئۆتۆمۆبیل

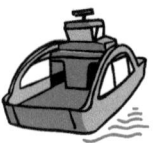

le ferry

کەشتی گواستنەوە

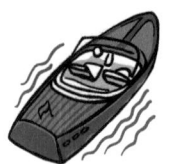

la barque

بەلەمی ماتۆڕی

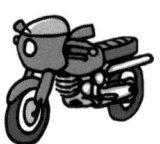

la moto

ماتۆڕ

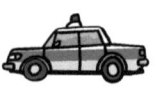

la voiture de police

ئوتومبێلی پۆلیس

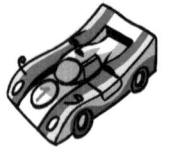

la voiture de course

ئوتومبێلی پێشبڕکێ

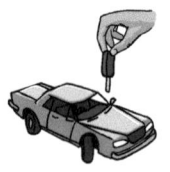

la voiture de location

ئۆتۆمۆبیلی کرێ

l'auto-partage

نۆتۆمۆبیل هاوبەشکردن

la voiture de remorquage

لۆری راکێشکردن

la benne à ordures

لۆری زبڵ

le moteur

ماتۆر

l'essence

سووتەمەنی

la station d'essence

وێستگەی بەنزین

le panneau indicateur

تابڵۆی هاتووچۆ

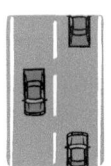

le trafic

هاتووچۆ

l'embouteillage

ترافیک

le parking

شوێنی راگرتنی نۆتۆمۆبیل

la gare

وێستگەی شەمەندەفەر

les rails

هێڵی ئاسن

le train

شەمەندەفەر

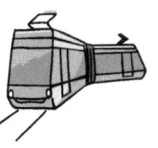

le tramway

قەتاری سەرشەقام

le wagon

داشقە

l'hélicoptère

هەلیکۆپتەر

l'aéroport

فڕۆکەخانە

la tour

بورج

le passager

نەمفەر

le conteneur

دەفر، کانتینەر

le carton

کارتۆن

le chariot

داشقە

la corbeille

سەوەتە

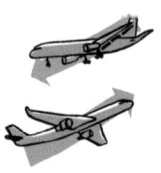

décoller / atterrir

هەلفڕین / نیشتن

la ville

شار

le village

گوند، دێهات

le centre-ville

ناوەندی شار

la maison

مال، خانوو

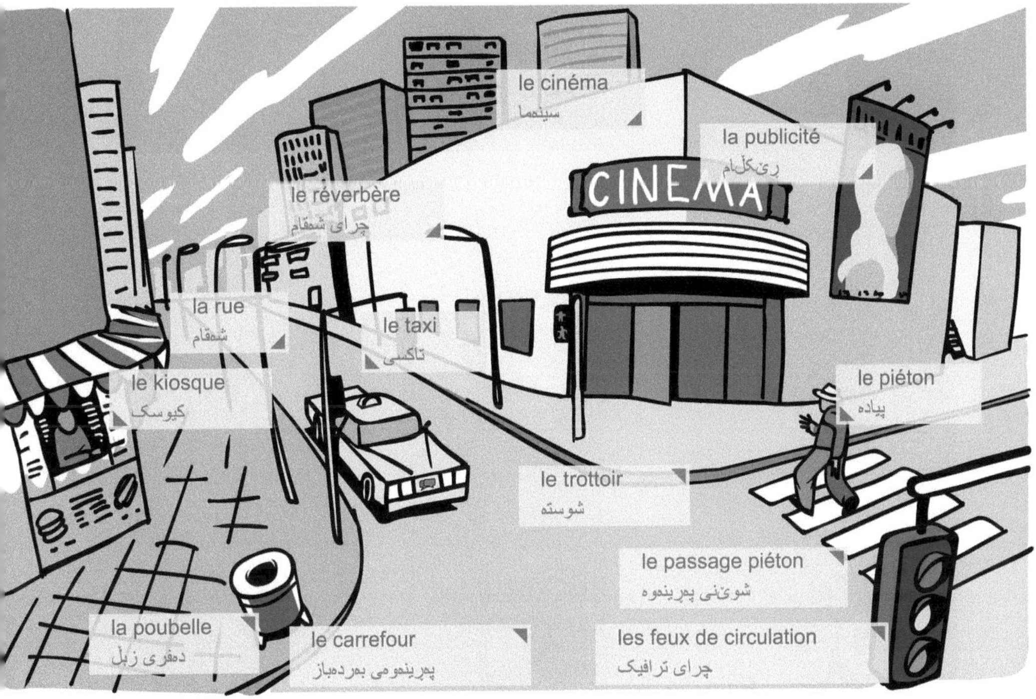

le cinéma
سینەما

la publicité
ڕیکلام

le réverbère
چرای شەقام

la rue
شەقام

le taxi
تاکسی

le kiosque
کیوسک

le piéton
پیادە

le trottoir
شۆسە

le passage piéton
شوێنی پەڕینەوە

la poubelle
دەفری زبڵ

le carrefour
پەڕینەومی بەردەباز

les feux de circulation
چرای ترافیک

la cabane

خانووچکە

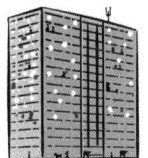

l'appartement

نهۆم، باڵەخانە

la gare

وێستگەی شەمەندەفەر

la mairie

کۆشکی شارەوانی

le musée

مۆزەخانە

l'école

قوتابخانە

l'université

زانکۆ

la banque

بانک

l'hôpital

نمخۆشخانه، خهستهخانه

l'hôtel

میوانخانه، هۆتێل

la pharmacie

دهرمانخانه

le bureau

نووسینگه، فهرمانگه

la librairie

کتێبفرۆشی

le magasin

دووکان

le fleuriste

گوڵفرۆشی

le supermarché

سوپهرمارکێت

le marché

بازار

le grand magasin

فرۆشگا

la poissonnerie

ماسیفرۆش

le centre commercial

ناوهندی کڕین

le port

بهندهر

le parc

پارک

la banque

کورسی درێژ

le pont

پرد

les escaliers

پێ پلیکان

le métro

ژێرزەوی

le tunnel

تونێل

l'arrêt de bus

وێستگەی پاس

le bar

مەیخانە

le restaurant

رێستۆرانت

la boîte à lettres

سندووقی پۆست

le panneau indicateur

تابلۆی شەقام

le parcmètre

پێوەری پارکینگ

le zoo

باخچەی ئاژەڵان

le réverbère

حەوزی مەلە

la mosquée

مزگەوت

la ferme

ممزرا

la pollution

پیسبوونی ژینگه

la cimetière

قبرستان، گۆرستان

l'église

كهنيسه

l'aire de jeux

شوێنی یاری

le temple

پهرستگا

le paysage

دیمهن

la feuille
گهڵا

le panneau indicateur
تابڵۆی ڕێنیشاندهر

le chemin
ڕێگا

le pré
مهرگ

la pierre
بهرد

le randonneur
شاخهوان

l'arbre
دار

la rivière
رووبار، چهم

l'herbe
گژوگیا

la fleur
گوڵ

la vallée

دۆڵ، شیو

la montagne

بەرزایی

le lac

دەریاچه

la forêt

دارستان

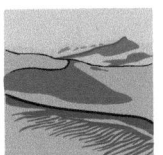

le désert

چۆڵەوار

le volcan

بورکان

le château

قەڵا

l'arc-en-ciel

کۆلکەزێرینه

le champignon

کارگ

le palmier

دارخورما

le moustique

مێشوولە

la mouche

مێشوولە

les fourmis

مێروولە

l'abeille

مێش هەنگوین

l'araignée

جاڵجاڵووکە

le coléoptère

قالۆنچە

la grenouille

بۆق

l'écureuil

سمۆرە

le hérisson

ژیشک

le lièvre

کەروێشکە کێوی

la chouette

کوند

l'oiseau

باڵندە

le cygne

قازی سپی

le sanglier

بەرازی کێوی

le cerf

ئاسک

l'élan

بزنە کێوی

le barrage

بەنداو

l'éolienne

توربینی با

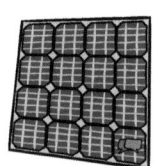

le panneau solaire

پەڕەی خۆری

le climat

ئاوووهەوا

le serveur
خزمەتکار

le menu
لیستە, پێرست

la chaise
کورسی

la soupe
سووپ, شۆرباو

la pizza
پیتزا

les couverts
چەقۆ و چەتاڵ

la nappe
سفرە

les hors d'œuvre
خواردنی, دەستپێک

le plat principal
خواردنی سەرەکی

le dessert
دیسێر

les boissons
خواردنەوە

l'alimentation
خواردن

la bouteille
بوتڵ

le fast-food

خواردنی خێرا

les plats à emporter

خواردنی سەرشەقام

la théière

قوری

le sucrier

قوتووی شەمکر

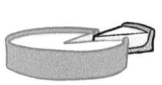

la portion

بەش

la machine à expresso

ئامێری سازکردنی قاوەی ئێسپرەسۆ

la chaise haute

کورسی بەرز

la facture

تێچوو

le plateau

کشمیڤ

le couteau

چەقۆ

la fourchette

چنگاڵ

la cuillère

کەوچک

la cuillère à thé

کەوچکی چا

la serviette

دەسماڵ

le verre

لیوان، پەرداخ

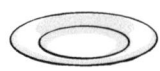

l'assiette

قاپ، دووری، دەفر

l'assiette à soupe

قاپی شۆربا

la soucoupe

ژێرپیاڵە

la sauce

سۆس

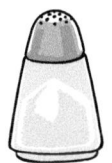

la salière

خوێدان

le moulin à poivre

هاڕەری بیبار

le vinaigre

سرکە

l'huile

رۆن

les épices

بەهارات

le ketchup

دۆشاوی تەمات، سۆسی تەماتە

la moutarde

سۆسی موستارد

la mayonnaise

سۆسی مایۆنێز

le supermarché

سوپەرمارکێت

l'offre promotionnelle
داشکاندنی تایبەتی
FOR
le client
مشتەری
les produits laitiers
شیرەمەنی
les fruits
میوە
le chariot
داشقە

BUTCHERS

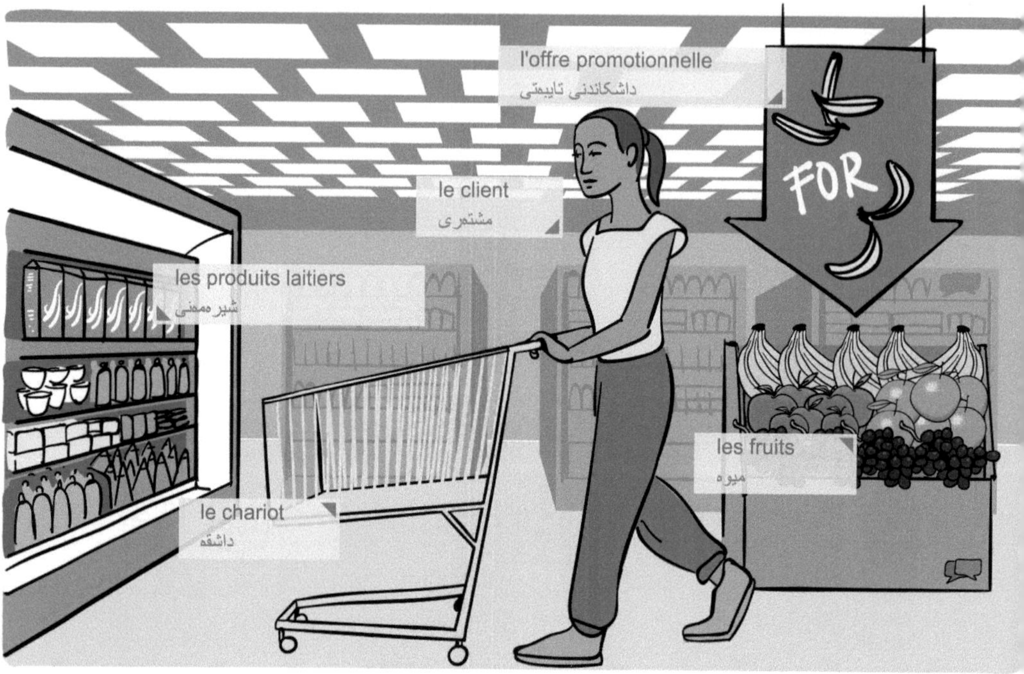

la boucherie

دووکانی قەسابی

BAKERY

la boulangerie

نانەواخانە

peser

کێشان

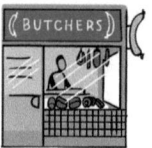

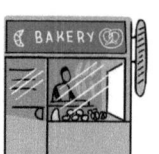

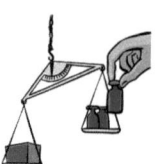

les légumes

سەوزی

la viande

گۆشت

les aliments surgelés

خواردنی بەستوو

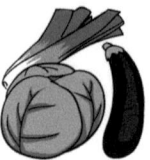

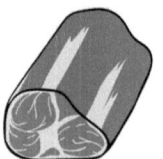

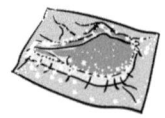

la charcuterie

گۆشتی سارد

les conserves

خواردنی کۆنسێرو

la poudre à lessive

دەرمانی بشۆر

les bonbons

شیرینی

les articles ménagers

بەرهەمی خۆمالی

les détergents

بەرهەمی خاوێنکردنەوە

la vendeuse

فرۆشیار

la caisse

ژمێرەر

le caissier

ژمێریار، خەزەندار

la liste d'achats

لیستی کڕین

les heures d'ouverture

کاتی دوام

le portefeuille

کیسەباخەڵ، جزدان

la carte de crédit

کارتی قەرز

le sac

توورەکە، کیسە

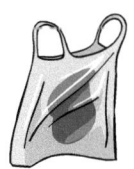

le sac en plastique

توورەکە

l'eau

ناو

le jus de fruit

شەربەت

le lait

شیر

le coca

خەڵووز

le vin

شەراب

la bière

بیرە

l'alcool

نەلکۆل

le chocolat chaud

کاکاو

le thé

چایی، چا

le café

قاوە

l'expresso

قاوەی ئیّسپرەسۆ

le cappuccino

کاپوّچینۆ

la banane

مۆز

la pomme

سێو

l'orange

پرتەقاڵ

le melon

کاڵەک

le citron.

لیمۆ

la carotte

گێزەر

l'ail

سیر

le bambou

حەیزەران

l'oignon

پیاز

le champignon

کارگ

les noisettes

سەموونە، گوێز، ناوکە

les pâtes

نوودڵ

les spaghetti

ماکارۆنی

le riz

برینج

la salade

زەڵاتە

les pommes frites

چپس

les pommes de terre rôties

پەتاتەی برژاو، پەتاتەی سووروکراو

la pizza

پیتزا

le hamburger

هەمبەرگێر

le sandwich

ساندویچ، دۆندرمە

l'escalope

پارچە گۆشت

le jambon

گۆشتی بەراز

le salami

گۆشتی بەراز

la saucisse

سۆسیس

le poulet

مریشک

le rôti

برژاندن، نرژان

le poisson

ماسی

les flocons d'avoine

شۆرباوی ساوار

le muesli

دانەوێڵەی تێنکەڵ

les cornflakes

دانەی دانەوێڵە

la farine

ئارد

le croissant

کرۆسانت، نانێکی فەرەنسی

les petits-pains

نانی خڕ

le pain

نان

le pain grillé

نانی برژاو

les biscuits

بسکێت

le beurre

کەرە، رۆنی کەرە

le fromage blanc

سەرتوێژ، توێژ

le gâteau

کێک

l'œuf

هێلکە

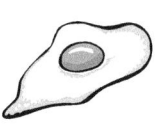

l'œuf au plat

هێلکەی برژاو

le fromage

پەنیر

la glace

بەستەنی، دۆندرمە

le sucre

شەکر

le miel

هەنگوین

la confiture

مرەبا

la crème nougat

خامەی نۆگات

le curry

بەهارات

la ferme

مەزرا

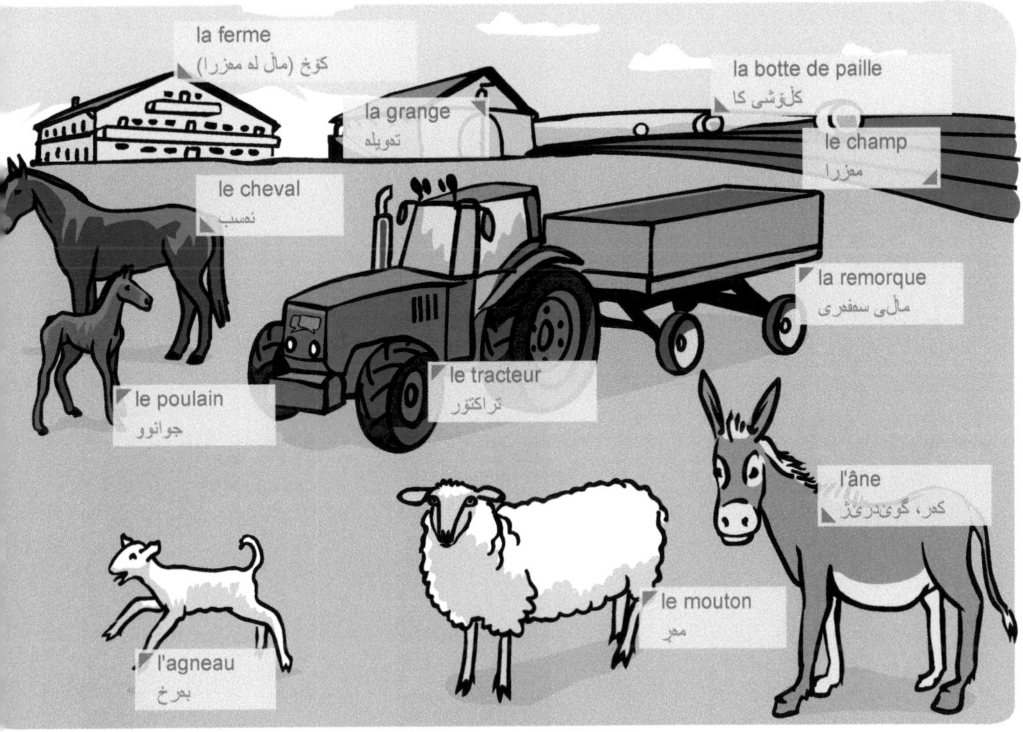

la ferme
کۆخ (ماڵ لە مەزرا)
la grange
تەویلە
la botte de paille
کڵۆشی کا
le champ
مەزرا
le cheval
ئەسب
la remorque
ماڵی سەفەری
le tracteur
تراکتۆر
le poulain
جوانوو
l'âne
کەر، گوێدرێژ
le mouton
مەر
l'agneau
بەرخ

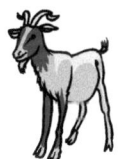

la chèvre
....
بزن

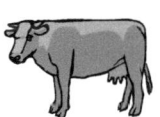

la vache
....
مانگا

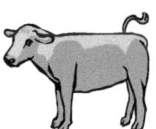

le veau
....
گوێلک

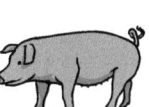

le porc
....
بەراز

le porcelet
....
فەرخە بەراز

le taureau
....
جوانەگا

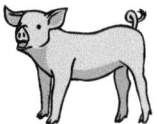

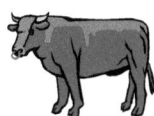

l'oie

قاز

le canard

مراوی

le poussin

جووچک

la poule

مریشک

le coq

کەڵەشێر

le rat

جرج

le chat

پشیله

la souris

مشک

le bœuf

گا

le chien

سە، سەگ

le chenil

کونە سە

le tuyau de jardin

سۆندە

l'arrosoir

تونگەی ناودان

la faucheuse

مەڵەغان

la charrue

گاسن

la faucille

داس

la pioche

مەرە

la fourche

شەنە

la hache

تەور

la brouette

عارەبانەی دەستیی

la cuve

دەفری خواردنی ئاژەڵان

le pot à lait

دەفری شیر

le sac

تەلیس

la clôture

پەرژین

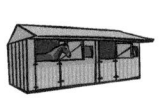

l'étable

تەویلە

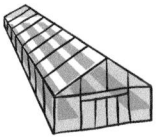

le serre

گوڵخانە

le sol

خۆڵ

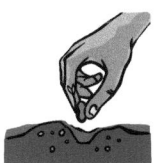

les semences

دەنک، تۆک

l'engrais

پەین

la moissonneuse-batteuse

کۆمباین

récolter

دروێنەکردن

la récolte

خەرمان

l'igname

پەتاتە

le blé

گەنم

le soja

لووبیا، فاسۆلیا

la pomme de terre

پەتاتە

le maïs

گەنمەشامی

le colza

جۆرێک دەخڵ‌ودان

l'arbre fruitier

داری بەری

le manioc

سێوبنەمڕزیلە

les céréales

دانەوێڵەی تێ‌کەڵ

la maison

ماڵ، خانوو

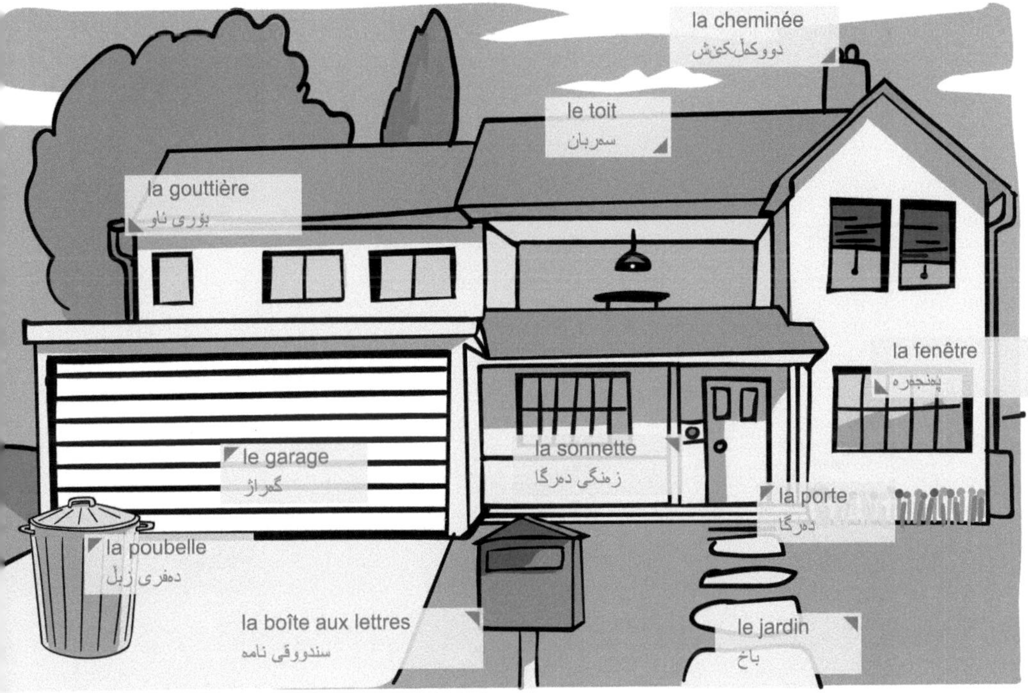

la cheminée
دووکەڵکێش
le toit
سەربان
la gouttière
بۆری ناو
la fenêtre
پەنجەرە
le garage
گەراژ
la sonnette
زەنگی دەرگا
la porte
دەرگا
la poubelle
دەفری زبڵ
la boîte aux lettres
سندووقی نامە
le jardin
باخ

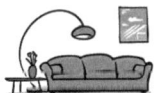

le salon

ژووری دانیشتن

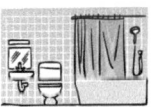

la salle de bain

حەمام، ناودەستخانە

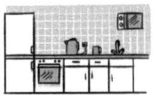

la cuisine

چێشتخانە

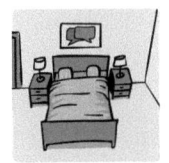

la chambre à coucher

ژووی خەو

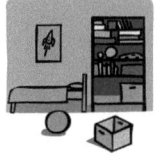

la chambre d'enfant

ژووری منداڵ

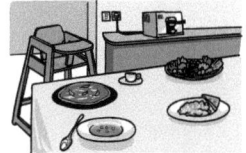

la salle à manger

ژووری نانخوارن

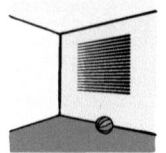

le sol

دالان، نمرز

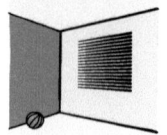

le mur

دیوار

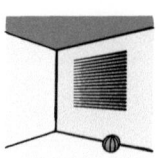

le plafond

بن میچ

la cave

ژێرزمین

le sauna

ساونا

le balcon

بالکۆن، هەیوان

la terrasse

هەیوان

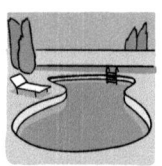

la piscine

حەوز، مەلەوانگە

la tondeuse à gazon

گژۆگیابڕ

la housse

مەلافە

la couette

مەلافەی نوێن

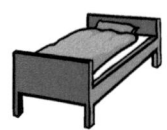

le lit

پێخەف، نوێن

le balai

گسک

le sceau

سەتڵ

l'interrupteur

سوێچ، کلیل

le salon

ژووری دانیشتن

le papier peint
کاغەزی دیواری
l'image
وێنە
la lampe
لامپ، چرا، گڵۆب
l'étagère
ڕەفە
l'armoire
کۆمێد
la télé
تەلەفیزیۆن
la cheminée
ئاگردان
la fleur
گوڵ
le coussin
پاڵەنج، سەرین
le sofa
سۆفا
le vase
گوڵدان
la télécommande
کۆنترۆڵ لە ڕێگەی دوور

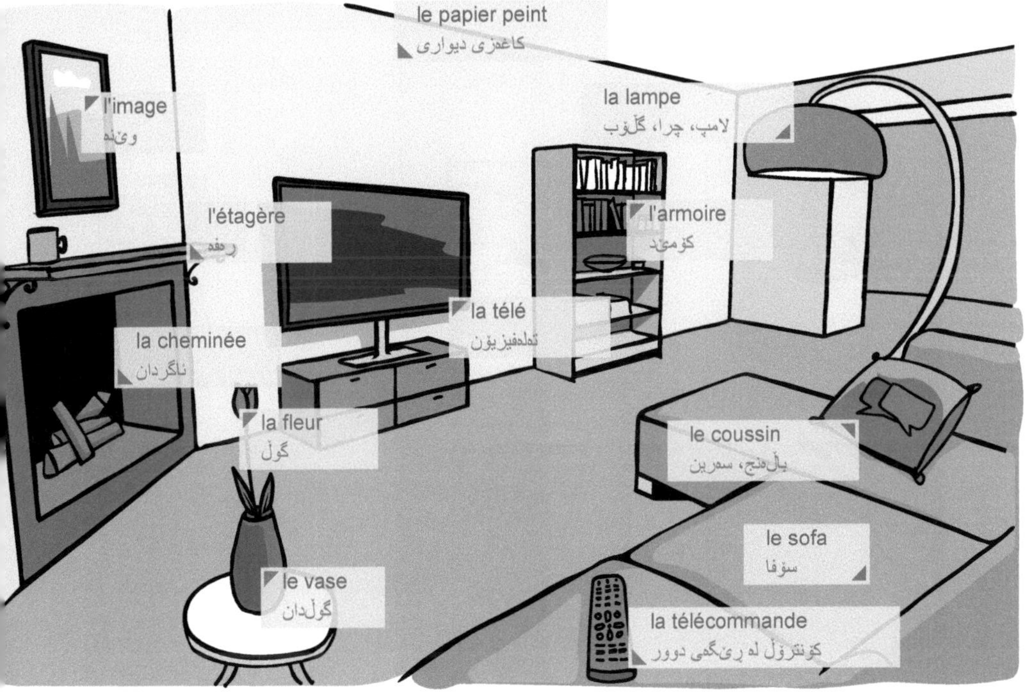

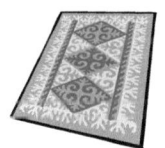

le tapis

فەرش

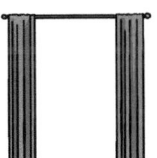

le rideau

پەردە

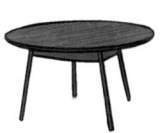

la table

مێز

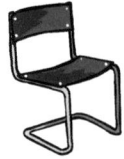

la chaise

کورسی

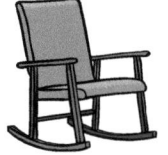

la chaise à bascule

کورسی ڕاژاندن

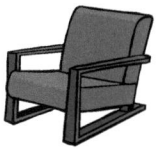

le fauteuil

کورسی دەسکدار

le livre

کتێب

la couverture

پەتوو، بەتانی

la décoration

ڕازاندنەوە

le bois de chauffage

داری سووتاندن

le film

فیلم

la chaîne hi-fi

ستێریۆ

la clé

کلیل

le journal

ڕۆژنامە

la peinture

نیگار، نیگارکێشان

le poster

پۆستەر

la radio

ڕادیۆ

le bloc-notes

تیانووس

l'aspirateur

گسکی کارەبایی

le cactus

کاکتووس

la bougie

مۆم

la cuisine
چێشتخانە

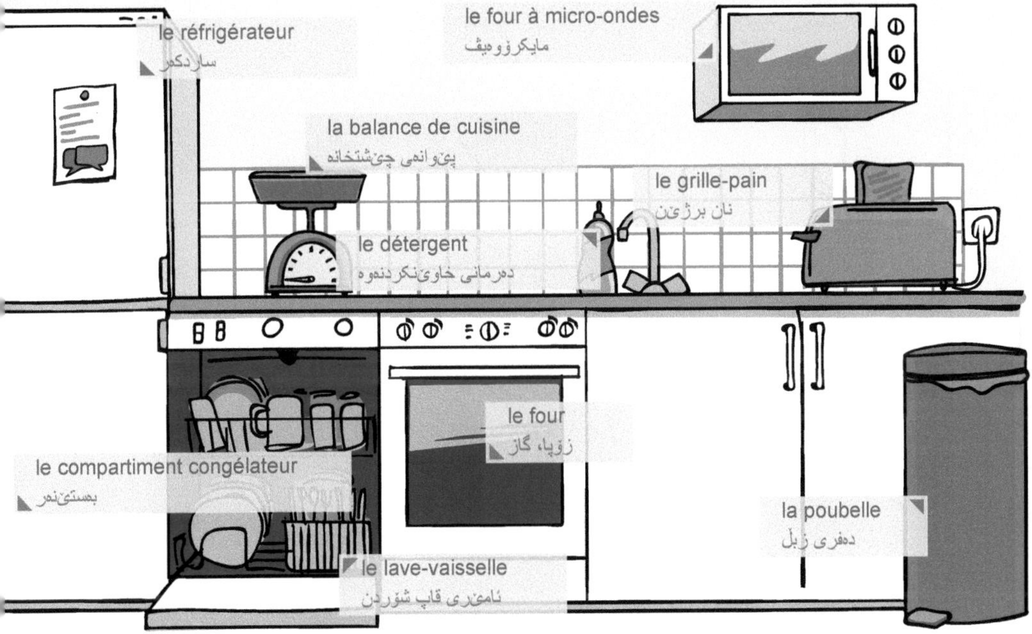

le réfrigérateur
ساردکەر
le four à micro-ondes
مایکرۆوەیڤ
la balance de cuisine
پێوانەی چێشتخانە
le grille-pain
نان برژێن
le détergent
دەرمانی خاوێنکردنەوە
le four
زۆپا، گاز
le compartiment congélateur
بەستێنەر
la poubelle
دەفری زبڵ
le lave-vaisselle
ئامێری قاپ شۆردن

le four
....
چێشتلێنەر

la casserole
....
مەنجەڵ

la marmite
....
قاپی ئوتوو

le wok / kadai
....
تاوەی قووڵ

la poêle
....
تاوە

la bouilloire electrique
....
کترێ، ئاوگەمکەر

le cuiseur vapeur

چێشتلێنەری ھەڵمی

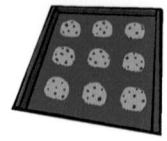

la plaque de cuisson

کەشەفی نانکردن

la vaisselle

قاپ و قاچاغ

le gobelet

کۆپ

la coupe

قاپ

les baguettes

چیلکەی نانخواردن

la louche

نەسکوی

la spatule

کەموگیر

le fouet

گسک

la passoire

سووزمە

le tamis

بێژنگ

la râpe

ئامێری جنینی پەنیر و سەوزە

le mortier

دەستار

le barbecue

برژاندن

la cheminée

ناگر

la planche à découper

تەختەی وردکردن

le rouleau à pâtisserie

تیرۆک

le tire-bouchon

بورغی فلین

la boîte

قوتوو

l'ouvre-boîte

قوتووکەرەوە

les maniques

دەسرەی مەنجەڵ

le lavabo

دەستشۆر

la brosse

فڵچە

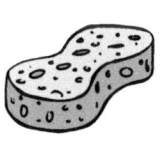

l'éponge

ئێسفەنج

le mixeur

تێکەڵکەر

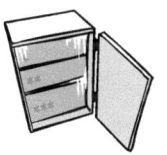

le congélateur

قەرەسی

le biberon

شووشە شیر

le robinet

شێری ئاو

la salle de bain

حەمام، ئاودەستخانە

le chauffage
زۆپا/گەرمکەر
la serviette
خاولی
la douche
دووشی ئاو، خورژم
le rideau de douche
پەردەی حەمام
le bain moussant
کەفی حەمام
la baignoire
حەوزی حەمام
le verre
لیوان، پەرداخ
la machine à laver
ئامێری دەفرشوتن
le robinet
شێری ئاو
le carrelage
کاشی
le pot
ئاودەستی منداڵان
le lavabo
دەستشۆر

les toilettes

ئاودەست، توالێت

la toilette à la turque

توالێتی نزم، ئاودەست

le bidet

جۆرێک توالێت

l'urinoir

توالێت، ئاودەست

le papier toilette

کاغەزی ئاودەستخانە

la brosse à toilette

فڵچەی ئاودەستخانە

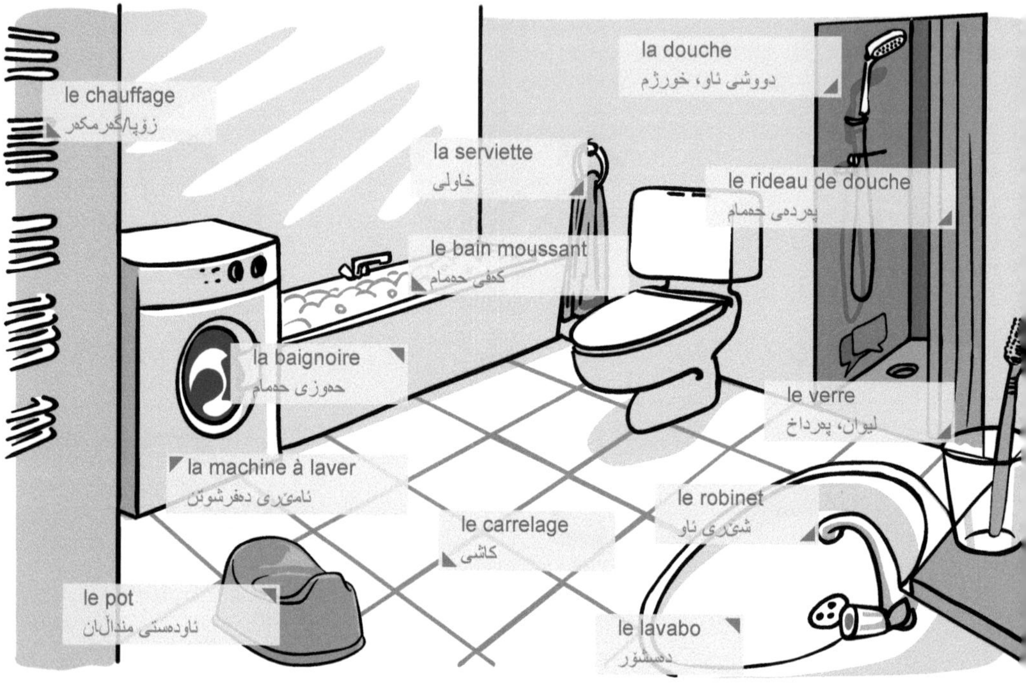

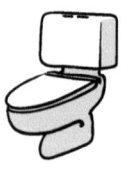

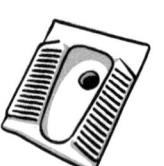

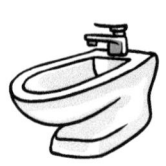

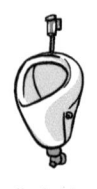

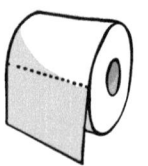

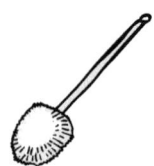

la brosse à dents

فلچمى ددان

le dentifrice

خمىرى ددان

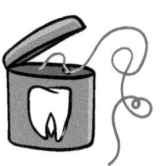

le fil dentaire

بخى ددان

laver

شۆردن، شوتن

la douche manuelle

خورژمى دستى

la douche intime

دووش

la vasque

كاسى دستوچاوشوتن

la brosse dorsale

فلچمى پشت

le savon

سابوون

le gel douche

جىلى خۆشوتن

le shampooing

شامپو

le gant de toilette

فلانىل

l'écoulement

ناوەرۆ

la crème

كرىم

le déodorant

بۆنخۆشكەرە

le miroir

ناوێنه

le miroir cosmétique

ناوێنهی دهستی

le rasoir

ممکینهی ریش تاشین

la mousse à raser

سابوونی ریش تاشین

l'après-rasage

کرێمی دوای ریش تاشین

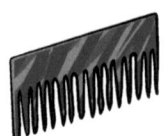

la peigne

شانه

la brosse

فڵچه

le sèche-cheveux

سێشوار، سهرنێشککهرهوه

la laque pour cheveux

سپرهی قژ

le fond de teint

سووراوسپیاو

le rouge à lèvres

سووراو

le vernis à ongles

ڕهنگی نینۆک

l'ouate

لۆکه

le coupe-ongles

مهقهستی نینۆک

le parfum

عهتر

la trousse de toilette

کیسی حەمام

le tabouret

کورسی بێ پشت

le pèse-personne

پێوەر

le peignoir

خاولی حەمام

les gants de nettoyage

دەستەوانی چەرم

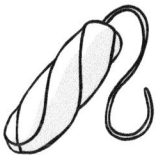

le tampon

تامپۆن

les serviettes hygiéniques

خاولی خاوێنکردنەوە

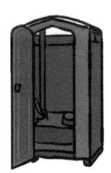

la toilette chimique

ناودەستی کیمیایی

la chambre d'enfant

ژووری منداڵ

le réveil
سەعاتی زەنگدار
le doudou
گەمەی شیرن
la voiture jouet
ماشێنی یاری
le hochet
شەقشەقەی منداڵ
la maison de poupée
خانووی بووکەشووشە
le cadeau
دیاری

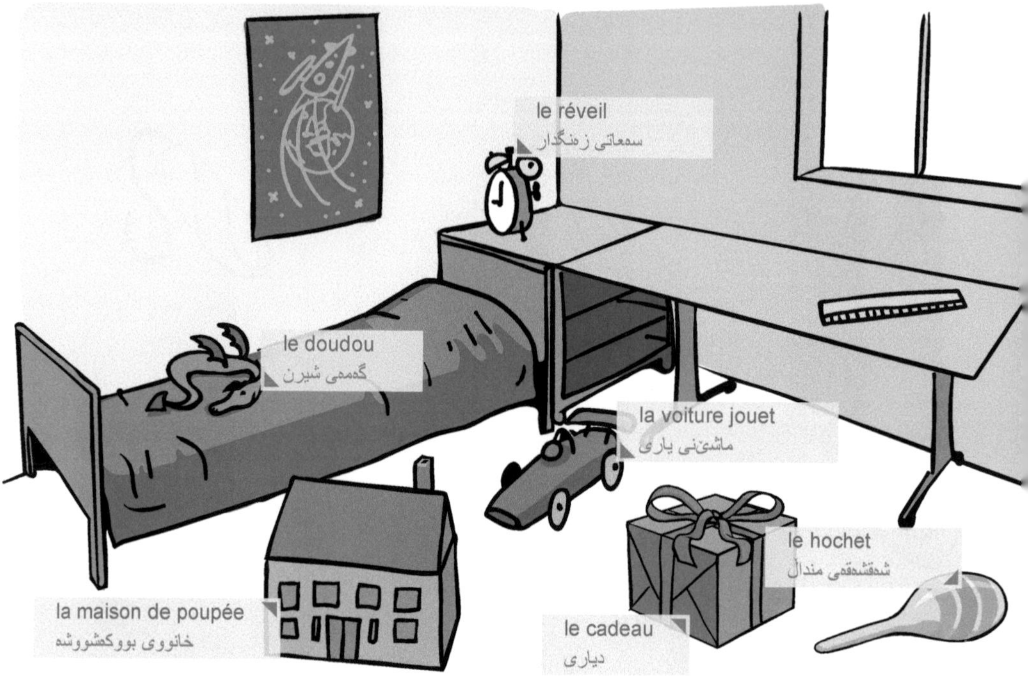

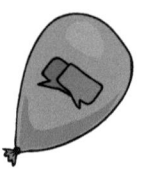

le ballon

باڵۆن

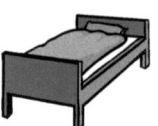

le lit

پێخەف، نوێن

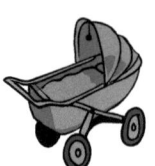

la poussette

داشقەی منداڵ

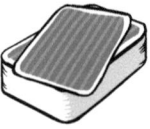

le jeu de cartes

گەمەی کارت

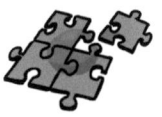

le puzzle

مەتەڵ، مەتەڵۆک

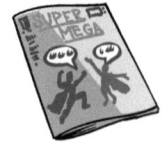

la bande dessinée

کۆمێدی

les pièces lego

خشتی لێگۆ

les blocs de construction

خشتی یاری

la figurine

بووکە شووشە

la grenouillère

جلی مندال

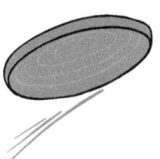

le frisbee

یاری فریزبی

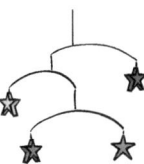

le mobile

بزۆک، جووڵێنراو

le jeu de société

یاری تەختە

le dé

مۆرە

le train miniature

مۆدێلی شەمەندەفەر

la sucette

مەمکە مژە

la fête

میوانی، جەژن

le livre d'images

کتێبی وێنەدار

la balle

تۆپ

la poupée

بووکەشوشە

jouer

کایە کردن، یاری کردن

le bac à sable

قۆرتی خیزوخۆڵ

la balançoire

جۆلانه

les jouets

کایەی منداڵان، یاری منداڵان

la console de jeu

گەمەی ڤیدیۆیی

le tricycle

سێچەرخە

l'ours en peluche

ورچی یاری

l'armoire

کەنتۆر

les vêtements

جلوبەرگ

les chaussettes

گۆرەوی

les bas

گۆرەوی درێژ

le collant

گۆرەوی درێژ

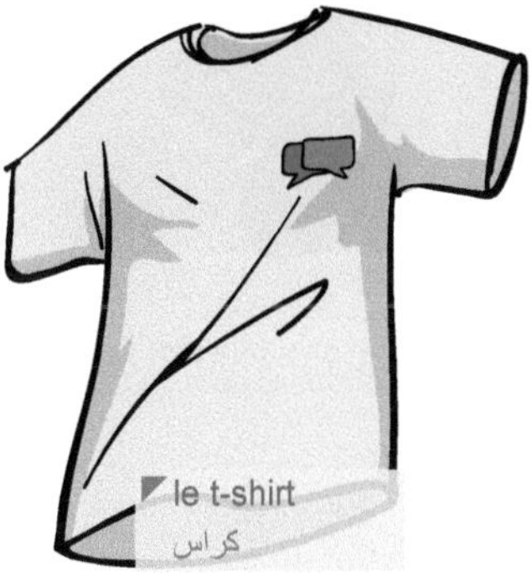

l'écharpe
شالی مل

le parapluie
چتر

le t-shirt
کراس

la ceinture
قایش، پشتین

les bottes
چمکمه، پوتین

les pantoufles
پێڵاوی ماڵ

les baskets
پێڵاو

les sandales

پاپوچ

les chaussures

کفوش، پێڵاو

les bottes de caoutchouc

چمکمەی چەرم

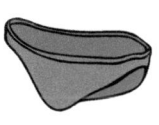

les sous-vêtements

پانتۆڵی ژێرەوە

le soutien-gorge

ستیان، سوخمە

le maillot de corps

جلیسقە

le body

جستە، لەش

le pantalon

پانتۆل

le jean

پانتۆل

la jupe

دامەن، تەنووره

le chemisier

کراس

la chemise

کراس

le pull

بلووز

le sweat à capuche

بلووز

la veste

چاکەت

la veste

چاکەت

le manteau

بالتە

l'imperméable

بارانی

le costume

پۆشاک

la robe

کراسی ژنانه

la robe de mariée

جلی زەماوەند

le costume

چاکەت و پانتۆڵ

la chemise de nuit

جلی خەو

le pyjama

جلی خەو

le sari

ساری

le foulard

لەچکە

le turban

جەمەدانە، سەرپێچ

la burqa

بۆرکا

le caftan

کەفتان

l'abaya

عەبا

le maillot de bain

جل و بەرگی مەلەمکردن

le maillot de bain

پانتۆڵی مەلە

le short

پانتۆڵی کورت

la tenue d'entraînement

جلوبەرگی راهێنان

le tablier

بەروانکە، بەرکوشە

les gants

دەستەوانە

le bouton

دوگمه

les lunettes

چاویلکه

le bracelet

بازنه

le collier

ملوانکه

la bague

نەنگوستیله

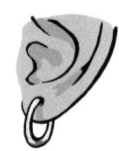

la boucle d'oreille

گواره

le bonnet

کڵاو

le cintre

داری جل هەڵواسین

le chapeau

کڵاو

la cravate

بۆینباخ

la fermeture éclair

زیپ

le casque

کڵاوی پارێزەر

les bretelles

هەڵگر

l'uniforme scolaire

جلی قوتابخانه

l'uniforme

یەمکپۆش

le bavoir

بەرلیکە، بەرکۆشی مندال

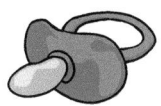

la sucette

مەمکە مژە

la lange

دایبی، پەرۆشۆر

le bureau

نووسینگە، فەرمانگە

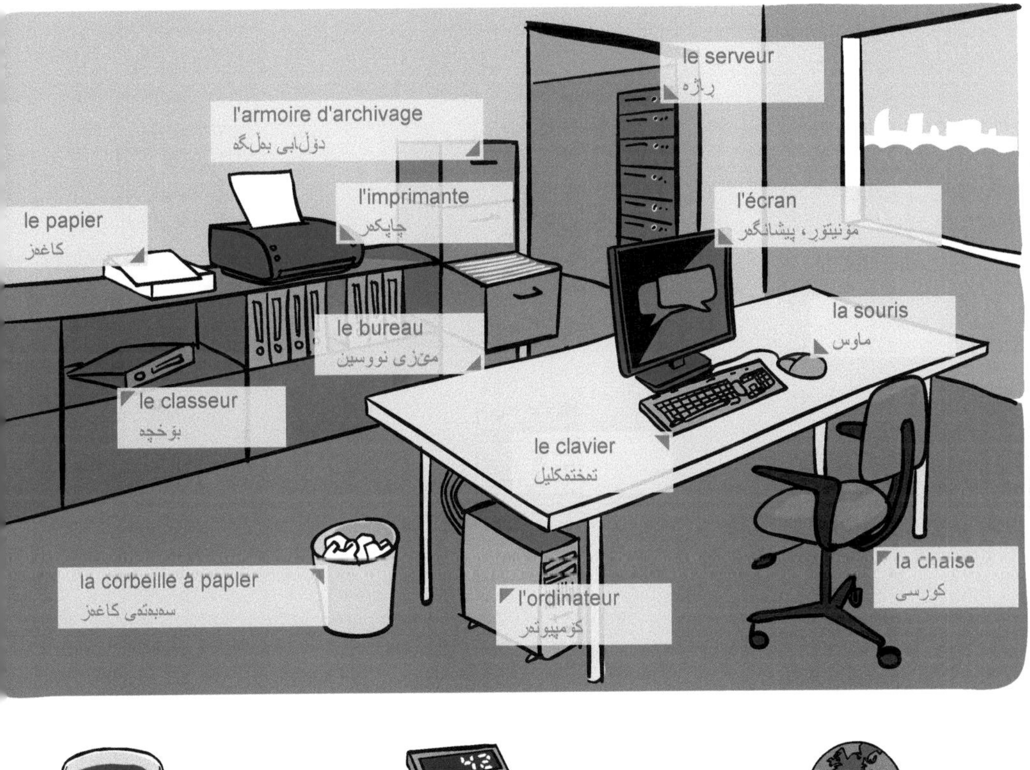

l'armoire d'archivage
دۆلابی بەلگە

le serveur
رلاژە

l'imprimante
چاپکەر

l'écran
مۆنیتۆر، پیشانگەر

le papier
کاغەز

le bureau
مێزی نووسین

la souris
ماوس

le classeur
بۆحچە

le clavier
تەختەکلیل

la corbeille à papier
سەبەتەی کاغەز

la chaise
کورسی

l'ordinateur
کۆمپیوتەر

la tasse de café

کەپی قاوە

la calculatrice

ژمێرەر

l'internet

ئینتەرنێت

l'ordinateur portable

لەپتۆپ

la lettre

نامە

le message

پەیام

le portable

موبایل، تەلەفۆنی دەست

le réseau

تۆڕ

la photocopieuse

ئامێری لەبەرگرتنەوە، کۆپیکەر

le logiciel

نەرمەکاڵا

le téléphone

تەلەفۆن

la prise

ساکێتی دووشاخە

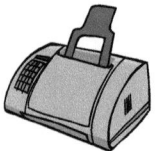

le fax

ئامێری فەکس

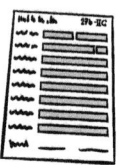

le formulaire

فۆڕم

le document

بەڵگە

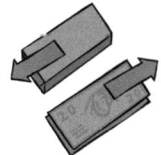

acheter

كرين

payer

پارەدان

faire du commerce

بازرگانى، ئالوگۆرکردن

la monnaie

پارە، دراو

le dollar

دۆلار

l'euro

يۆرۆ

le yen

يمن

le rouble

روبلى رووسى

le franc suisse

فرانکى سويسى

le renminbi yuan

يوان، يەكەى دراوى چينى

la roupie

رووپييە

le distributeur automatique

ممكينەى پارە

le bureau de change

نووسینگەی گۆڕینەوەی دراو

l'or

زێڕ

l'argent

زێو

le pétrole

نەوت

l'énergie

وزە

le prix

بەها، نرخ

le contrat

ڕێککەوتننامە

la taxe

باج

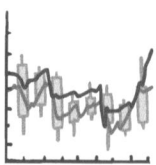

l'action

سەهام

travailler

کارکردن

l'employé

کارمەند، کارکەر

l'employeur

خاوەنکار

l'usine

کارخانە

le magasin

دووکان

les professions

ئیشەکان

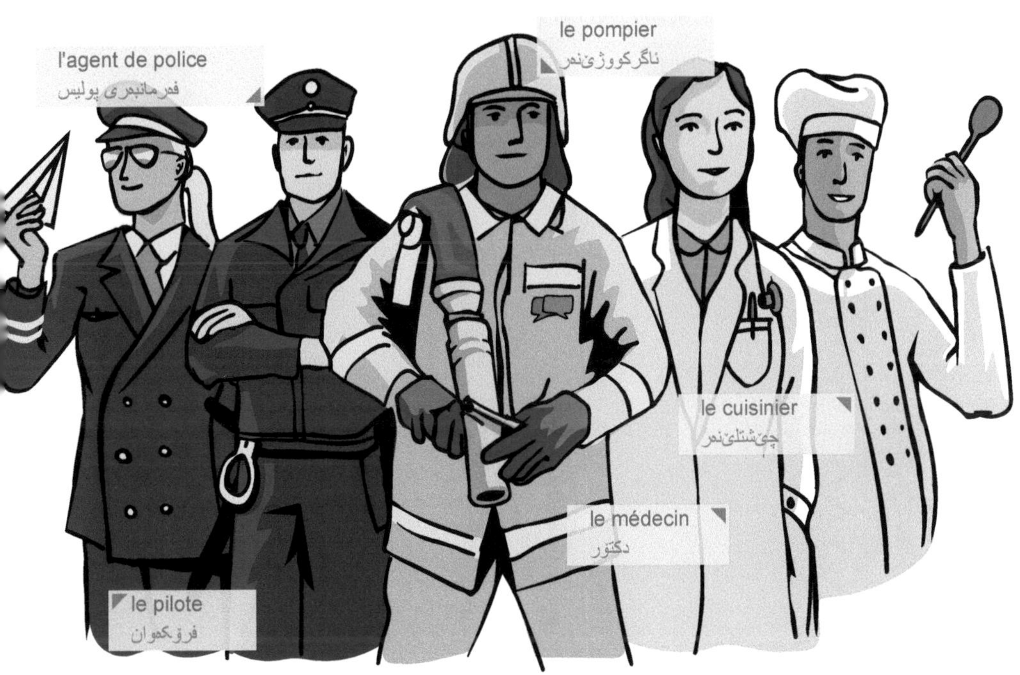

l'agent de police
فەرمانبەری پولیس
le pompier
ئاگرکوژێنەر
le cuisinier
چێشتلێنەر
le médecin
دکتور
le pilote
فڕۆکەوان

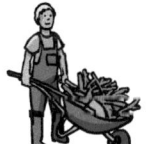

le jardinier

باخەوان

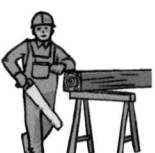

le menuisier

دارتاش، مەرەنگوێز

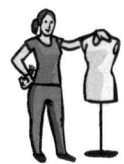

la couturière

خەییات

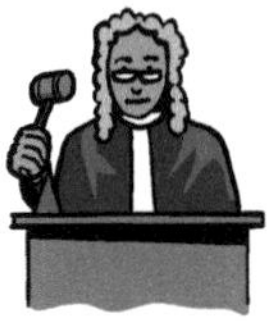

le juge

دادوەر

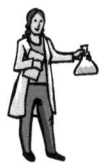

le chimiste

کیمیازان

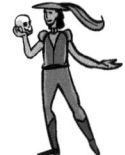

l'acteur

شانۆگەر ، شانۆکار

le conducteur de bus

شۆفێری پاس

le chauffeur de taxi

شۆفێری تاکسی

le pêcheur

ماسیگر

la femme de ménage

کلفەت

le couvreur

وەستای سەربان

le serveur

خزمەتکار

le chasseur

ڕاوچی

le peintre

بۆیاخچی

le boulanger

نانکەر

l'électricien

کارەباچی

l'ouvrier

بەننا

l'ingénieur

ئەندازیار

le boucher

قەساب

le plombier

وەستای بۆری

le facteur

پۆستەچی

le soldat

سه‌رباز

l'architecte

نه‌خشه‌كێش

le caissier

ژمێریار، خه‌زه‌ندار

le fleuriste

گوڵفرۆش

le coiffeur

نارایشگه‌ر

le contrôleur

گه‌یه‌نه‌ر

le mécanicien

میكانیك

le capitaine

كه‌شتیوان

le dentiste

ددانساز، دوكتۆری ددان

le scientifique

زانا

le rabbin

مه‌ڵای جوله‌كان

l'imam

ئیمام

le moine

كه‌سی ئایینی

le prêtre

قه‌شه

les outils

ئامراز و کەرەستە

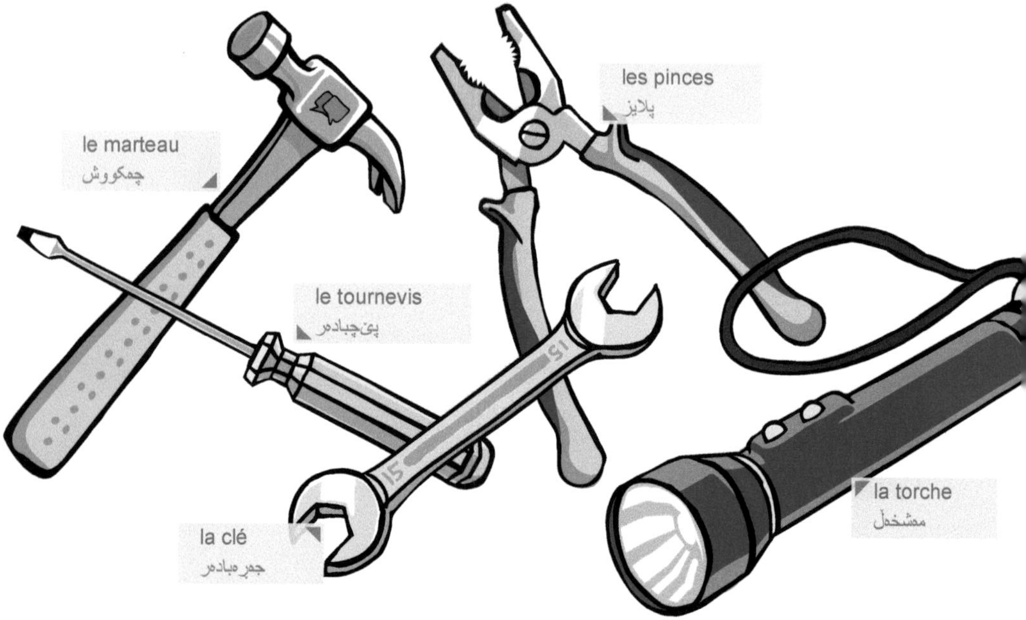
le marteau
چەکووش
les pinces
پلایز
le tournevis
پێچبادەر
la clé
جەڕەبادەر
la torche
مەشخەڵ

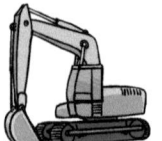

la pelleteuse

شۆفڵ

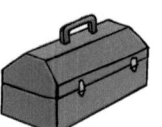

la boîte à outils

سندووقی ئامراز

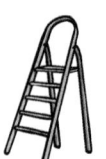

l'échelle

پەیژە

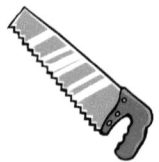

la scie

مشار

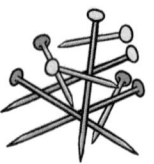

les clous

بزمارەکان

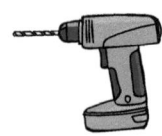

la perceuse

کونکەرە

réparer

چاککردنەوە

la pelle

پێمەرە

Mince !

نەفرەت!

la pelle

خاکەناز

le pot de peinture

قەتووی بۆیاخ

les vis

پێچمکان، جەمەکان

les instruments de musique

ئامێرەکانی مووزیک

la batterie
تاقمی تەبڵ

le haut-parleurs
قسمکەر، بڵندگۆ

la guitare
گیتار

la contrebasse
جۆری گیتار

la trompette
زورنا

le piano

پیانۆ

le violon

کەمانچە

la basse

گیتار

les timbales

دەھۆل

le tambour

تەبڵ

le piano électrique

تەختەکلیل

le saxophone

ساکسافۆن

la flûte

فلووت، شمشاڵ

le microphone

مایکرۆفۆن

l'entrée
ناقەدر، دەروازه

le tigre
پلینگ

la cage
قەفەز

le zèbre
کەر مکێوی

l'alimentation animale
خواردنی ئاژەڵان

le panda
ورچی پاندا

les animaux

ناژەڵەمکان

l'éléphant

فیل

le kangourou

کانگورۆ

le rhinocéros

کەر کەدەن

le gorille

گۆر بلا

l'ours

ورچ

le chameau

وشتر

l'autruche

وشترمریشک

le lion

شێر

le singe

مەیموون

le flamand rose

فلامینگۆ

le perroquet

تووتی

l'ours polaire

ورچی جەمسەری

le pingouin

پێنگوین

le requin

قرش، سەگەماسی

le paon

تاووس

le serpent

مار

le crocodile

تیمساح

le gardien de zoo

پاریزەری باخچەی ناژەڵان

le phoque

سەمگی دەریایی

le jaguar

پڵینگ

le poney

نمسپی قمزهم

le léopard

پشیلهی پلرینگی

l'hippopotame

نمسپی ناوی

la girafe

زمرافه

l'aigle

هەڵۆ

le sanglier

بەرازی کێوی

le poisson

ماسی

la tortue

کیسەڵ

le morse

والرِاس، ئاژەڵێکی دەریایی

le renard

رێوی

la gazelle

ناسک

les sports

وەرزش

l'american Football
تۆپی پێی ئەمریکی

le cyclisme
دووچەرخەئ خوڕین

le tennis
تێنیس

le basket-ball
تۆپی باسکە

la natation
مەلەمکردن

la boxe
بۆکسین

le hockey sur glace
هۆکی سەر سەهۆڵ

le football

فووتبۆڵ

le badminton

بەدمینتۆن

l'athlétisme

وەرزشوان

le handball

هەندباڵ

le ski

خلیسکێن

le polo

پۆلۆ

62   **les sports** - وەرزش

les activités

چالاکیەکان

rire
پێکەنین
sauter
بازکردن
embrasser
لەباوەشگرتن، لەئامێزگرتن
marcher
بەرێداڕۆیشتن، پیاسەکردن
chanter
گۆرانی خوێندن
rêver
خەون دیتن، خەون بینین
prier
پاڕانەوە، نوێژکردن
faire la bise
ماچکردن

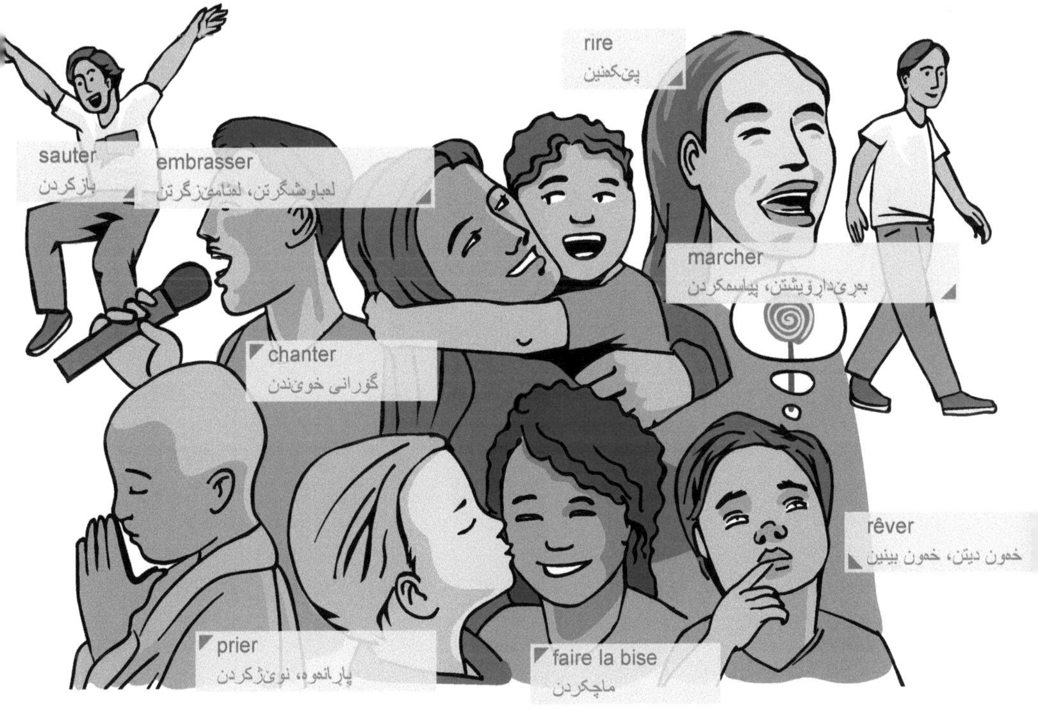

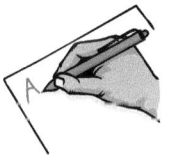

écrire

نووسین

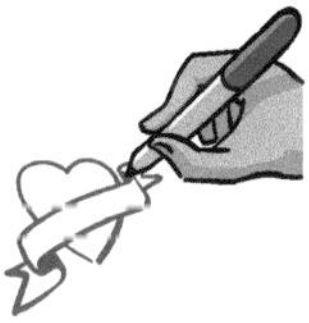

dessiner

وێنەکێشان

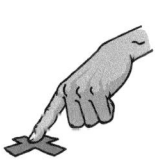

montrer

نیشاندان

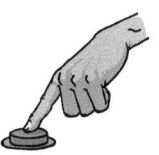

pousser

پاڵ پێوەنان

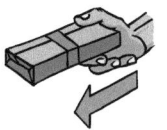

donner

دان

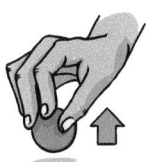

prendre

هەڵگرتن

avoir

هەمبوون

faire

کردن

être

بوون

être debout

ڕاوەستان

courir

هەڵاتن

trier

کێشان

jeter

هاویشتن

tomber

کەوتن

être couché

درۆکردن

attendre

چاوەڕێبوون

porter

هەڵگرتن

être assis

دانیشتن

s'habiller

جل لەبەرکردن

dormir

خەوتن

se réveiller

لەخەو هەستان

regarder

چاولێکردن

pleurer

گریان

caresser

جەڵەتەلەدان

peigner

قژداهێنان، شانەکردن

parler

قسەکردن

comprendre

تێگەیشتن

demander

پرسیارکردن، پرسین

écouter

گوێڕاگرتن

boire

خواردنەوه

manger

خواردن

ranger

ڕێکوپێک کردن

aimer

خۆشویستن

cuire

چێش لێنان

conduire

شۆفێرییکردن

voler

فڕین

faire de la voile

کەشتیوانی

calculer

حساب‌کردن، ژماردن

lire

خوێندنەوه

apprendre

فێربوون

travailler

کارکردن

se marier

زەماوەندکردن

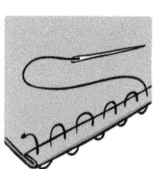

coudre

دورین، دورومانکردن

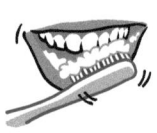

brosser les dents

فڵچه لەددان دان

tuer

کوشتن

fumer

جگەرەمکێشان

envoyer

ناردن

a grand-mère
دایمگەور

le grand-père
باوۆمگەوره

le père
باوک، باب

la mère
دایک

le bébé
مندالی ساوا

la fille
کچ

le fils
کور

l'hôte

میوان

la tante

پوور

l'oncle

مام، خاڵ

le frère

برا

la sœur

خوشک

le corps

جەستە، لەش

le front
ناوچاوان، توێڵ
l'œil
چاو
l'épaule
شان
le doigt
قامک
le visage
دەموچاو، ڕوومەت
le menton
چەنە
la main
دەست
la jambe
لاق
la poitrine
سنگ
le bras
باسک، قۆڵ

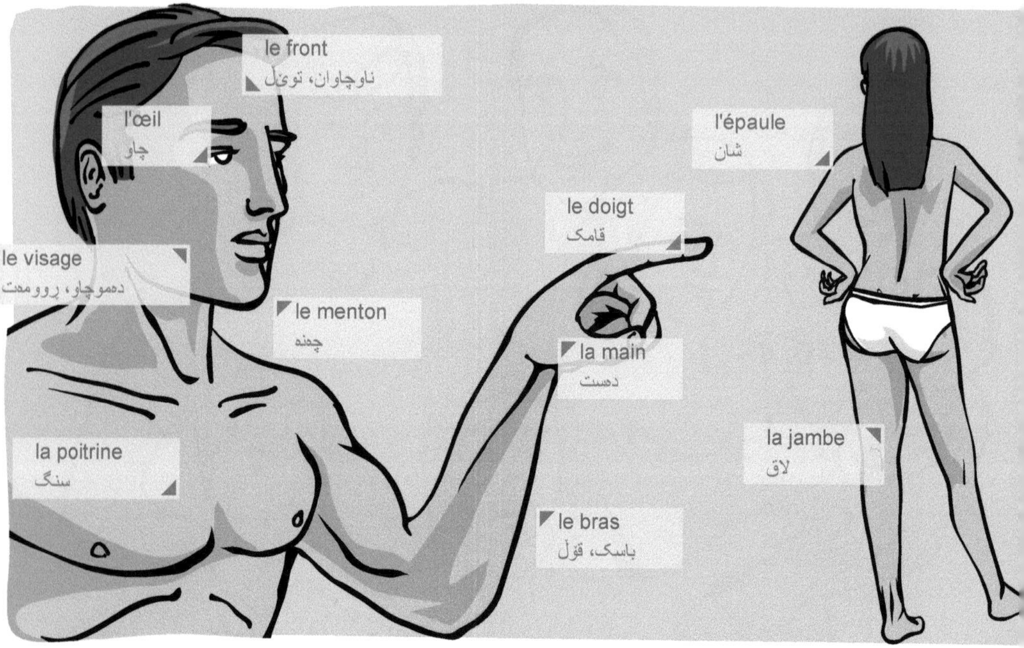

le bébé

منداڵی ساوا

l'homme

پیاو

la femme

ژن

la fille

کچ

le garçon

کوڕ

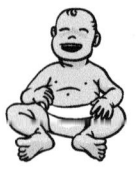

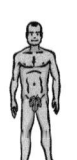

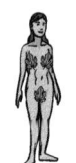

la tête

سەر

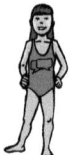

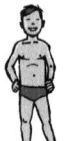

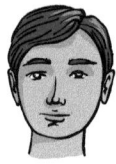

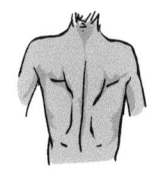

le dos

پشت

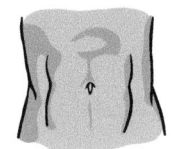

le ventre

زگ

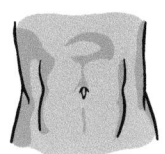

le nombril

ناوک

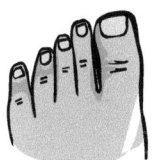

l'orteil

قامکی پێ

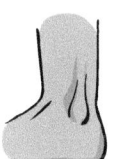

le talon

پاژنهی پێ

l'os

ئێسقان، ئێسک

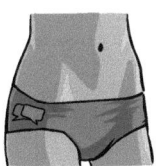

la hanche

سمت

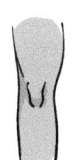

le genou

ئهژنۆ

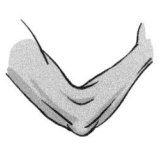

le coude

ئانیشک

le nez

لووت

les fesses

قوون

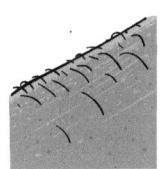

la peau

پێست

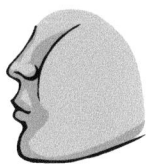

la joue

گۆپ

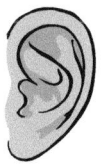

l'oreille

گوێ

la lèvre

لێو

la bouche

دهم، زار

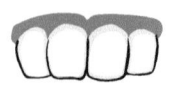

la dent

ددان

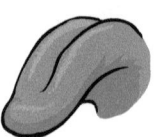

la langue

زمان

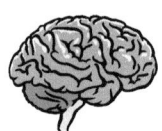

le cerveau

مێشک

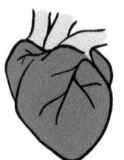

le cœur

دڵ

le muscle

ماسوولکه

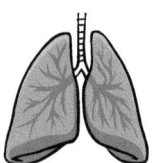

les poumons

سییهلاک، سی

le foie

جهرگ

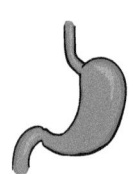

l'estomac

گدده

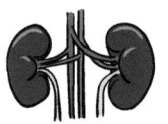

les reins

گورچیله

le rapport sexuel

سێکس

le préservatif

کۆندۆم

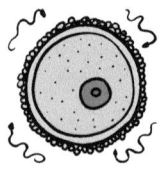

l'ovule

توو، گەرا

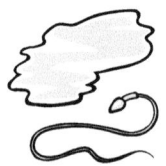

le sperme

تۆو

la grossesse

دووگیانی

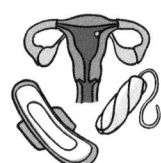

la menstruation

كوتنه سەر خوێن

le vagin

زێ

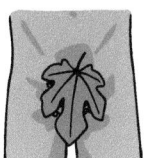

le pénis

کێر

le sourcil

برۆ

les cheveux

قژ

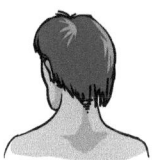

le cou

مل

le corps - لەش، جەستە

71

l'hôpital

نەخۆشخانە، خەستەخانە

l'hôpital
نەخۆشخانە، خەستەخانە
l'ambulance
ئامبولانس
le fauteuil roulant
کورسی کەمئەندامان
la fracture
شکانی ئێسک

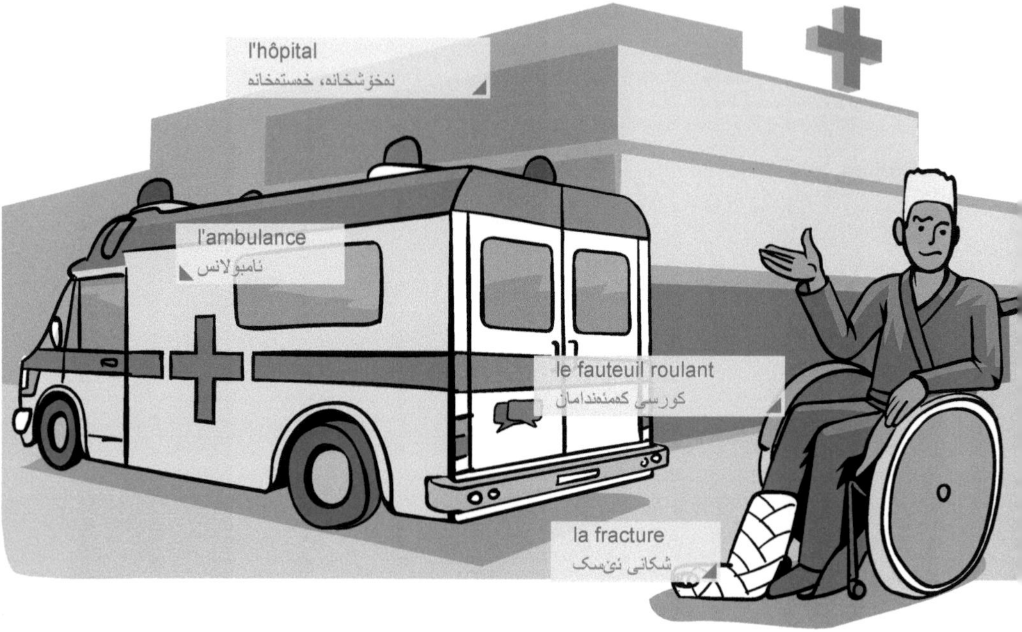

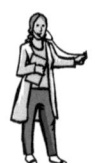

le médecin

دکتۆر

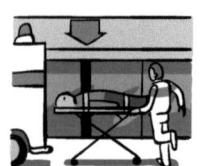

le service des urgences

ژووری فریاکەوتن

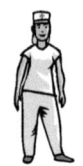

l'infirmière

نەخۆشوان

l'urgence

ئورژانس، بەشی فریاکەوتن

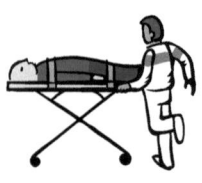

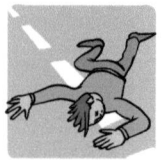

inconscient

بێهۆش

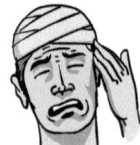

la douleur

ژان، ئێش

la blessure

برينداری

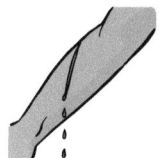

l'hémorragie

خوێنڕێژی

la crise cardiaque

جەڵتەی دڵ

l'attaque cérébrale

جەڵتە

l'allergie

ئاليێرژی، هەستياری

la toux

كۆخە

la fièvre

تا

la grippe

ئەنفلۆنزا

la diarrhée

زگچوون

le mal de tête

سەرێشە، ژانەسەر

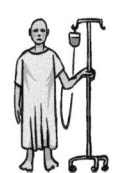

le cancer

سەرەتان

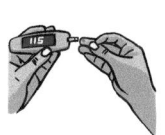

le diabète

شەكره

le chirurgien

نەشتەرگەر

le scalpel

نەشتەر، چەقۆی تۆێكاری

l'opération

نەشتەرگەری

le CT

CT

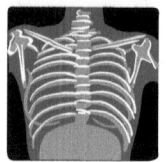

la radiographie

تیشکی ئێنکس

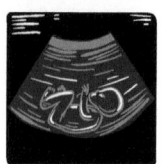

l'échographie

ئۆڵتراساوند

le masque

ماسکی ڕوومەت

la maladie

نەخۆشی

la salle d'attente

ژووری چاوەڕێبوون

la béquille

گۆچان

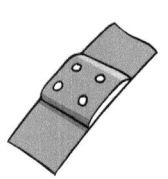

le pansement

مشەما

le pansement

برین پێچ

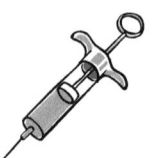

l'injection

دەرزی لێدان

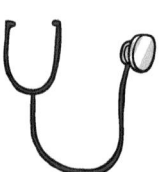

le stéthoscope

بیستۆکی پزیشک

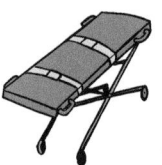

le brancard

داربەست

le thermomètre

گەرمایپێوی کلینیکی

l'accouchement

لەدایکبوون

la surcharge pondérale

زیادەمکێش/قەڵەوبیی

l'appareil auditif

بیستوک

le désinfectant

میکرۆبکوژ

l'infection

چڵک

le virus

ڤایروس

le VIH / le sida

ئەیدز

le médicament

دەرمان

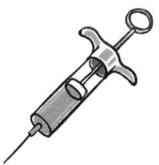

la vaccination

کوتان

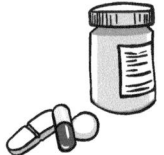

les comprimés

حەب

la pilule

حەب

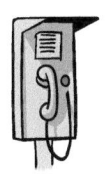

l'appel d'urgence

تەلەفۆنی فریاکەوتن

le tensiomètre

پێشانگەری پەستانی خوێن

malade / sain

نەخۆش / سڵامەت

Au secours !

یارمەتی!

l'alarme

ناگاداركردنەوە، ئەلارم

l'assaut

دەستدرێژی

l'attaque

هێرشكردن

le danger

مەترسی

la sortie de secours

چوونەدەرەوەی ئورژانس

Au feu!

ناگر!

l'extincteur

ناگركوژێنەوه

l'accident

رووداو، پێشهات

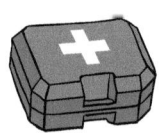

la trousse de premier
secours

قوتووی یارمەتی فریاکەوتن

SOS

SOS

la police

پۆلیس

l'Europe

ئەورۆپا

l'Amérique du Nord

ئەمریکای باکوور

l'Amérique du Sud

ئەمریکەری باشوور

l'Afrique

ئافریقا

l'Asie

ئاسیا

l'Australie

ئوسترالیا

l'Océan atlantique

ئەتڵەسی، ئۆقیانووسی ئەتڵەسی

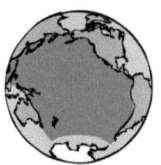

l'Océan pacifique

زەریای هێمن

l'Océan indien

ئۆقیانووسی هیندی

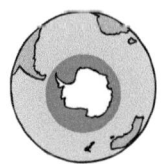

l'Océan antarctique

ئۆقیانووسی جەمسەری باشوور

l'Océan arctique

ئۆقیانووسی جەمسەری باکوور

le Pôle nord

جەمسەری باکوور

le Pôle sud

جەمسەری باشوور

l'Antarctique

ناوچەی جەمسەری باشوور

la terre

نەرز، زەوی

le pays

خاک، وشکانی

la mer

دەریا، زەریا

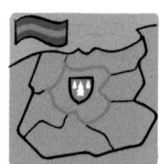

l'île

دوورگە

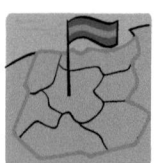

la nation

گەل، نەتەوە

l'état

ولّات، پارێزگا، دەولّەت

le cadran

روخساری کاتژمێر

l'aiguille des heures

نیشاندەری کاتژمێر

l'aiguille des minutes

نیشاندەری خولەک

l'aiguille des secondes

دەستی دوو

Quelle heure est-il ?

کاتژمێر چەندە؟، سەعات چەندە؟

le jour

رۆژ

le temps

کات، زمان

maintenant

ئێستا، هەنووکە

la montre digitale

کاتژمێری دیجیتاڵی

la minute

خولەک

l'heure

کاتژمێر

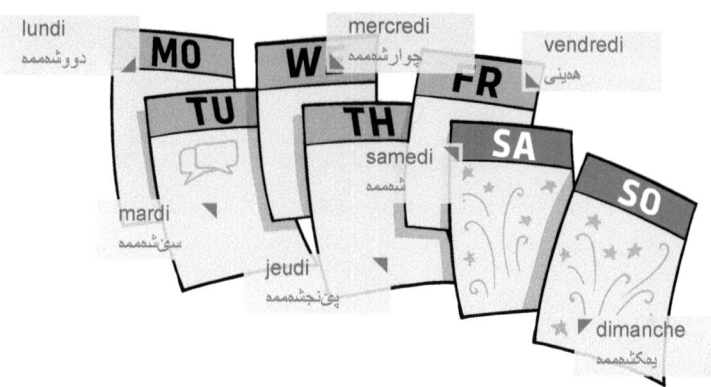

lundi
دووشەممە

mercredi
چوارشەممە

vendredi
هەینی

mardi
سێشەممە

samedi
شەممە

jeudi
پێنجشەممە

dimanche
یەکشەممە

hier

دوێنێ

aujourd'hui

ئەمرۆ، ئەورۆ

demain

سبەینێ

le matin

بەیانی

le midi

نیوەرۆ

le soir

ئێوارە

les jours ouvrables

رۆژی کار

le week-end

کۆتایی هەفتە

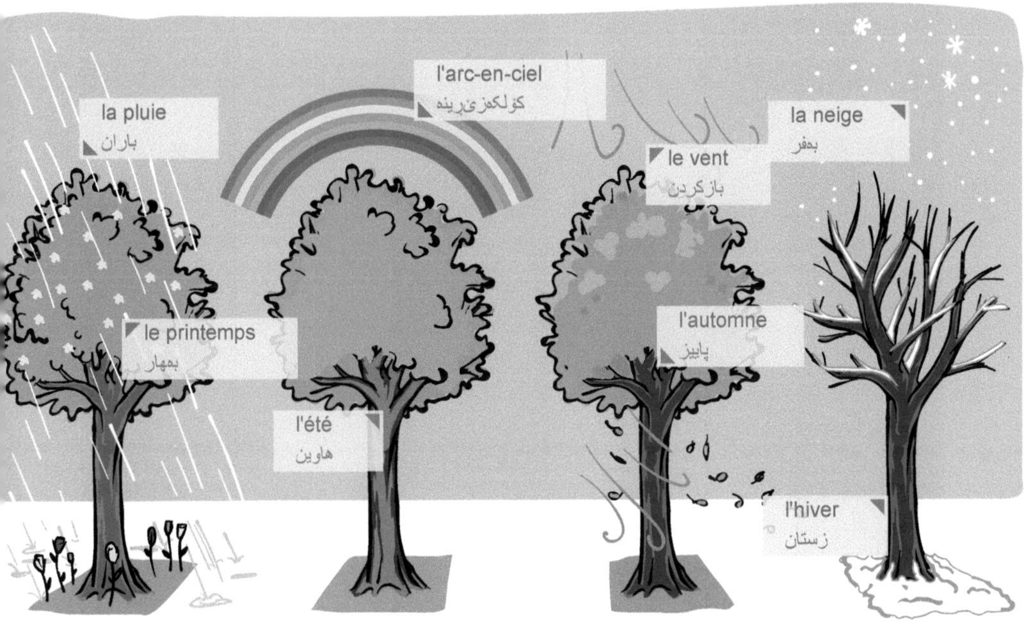
l'arc-en-ciel
کۆلکەزێرینە
la pluie
باران
la neige
بەفر
le vent
بازکردن
le printemps
بەهار
l'automne
پاییز
l'été
هاوین
l'hiver
زستان

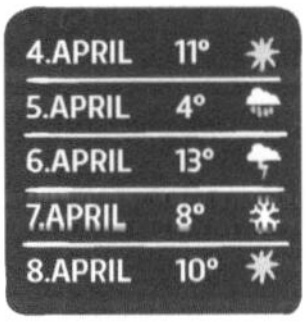
4.APRIL 11°
5.APRIL 4°
6.APRIL 13°
7.APRIL 8°
8.APRIL 10°

la météo
....
پێشبینی هەوا

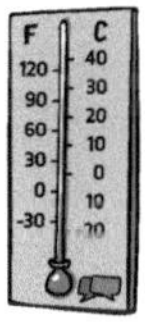
F C
120 40
90 30
60 20
30 10
0 0
-30 10
20

le thermomètre
....
گەرماپێو

la lumière du soleil
....
خۆرەتاو

le nuage
....
هەور

le brouillard
....
تەمومژ

l'humidité
....
تەرایی

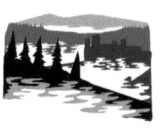

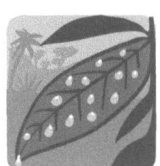

la foudre

هەورەتریشقە، بروسکە

la tonnerre

هەورەگرمە

la tempête

باوبۆران، تۆفان

la grêle

تەرزە

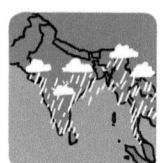

la mousson

مانسوون

l'inondation

لافاو

la glace

سەهۆڵ

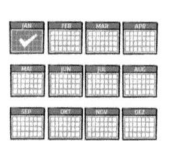

janvier

جانیوەمری

février

فێبریوەری

mars

مارچ

avril

نەیپریل

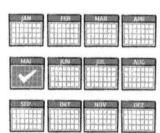

mai

مەی

juin

جوون

juillet

جوولای

août

ئۆگۆست

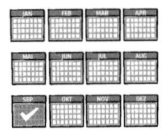

septembre

سێپتەمبر

octobre

ئۆكتۆبەر

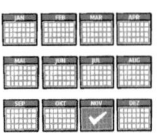

novembre

نۆڤەمبەر

décembre

دێسەمبەر

les formes

شێوەومكان

le cercle

بازنە

le carré

چوارگۆشە

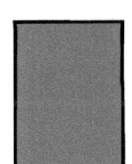

le rectangle

چوارگۆشەی درێژ

le triangle

سێگۆشە

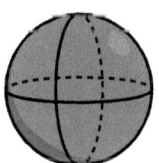

la sphère

تۆپ، گۆ

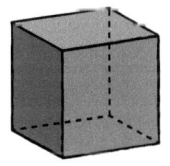

le cube

خشتەک

blanc

سپی

jaune

زەرد

orange

پرتەقاڵیی

rose

پەمەیی

rouge

سوور

violet

بنەوش

bleu

شین

vert

سەوز

marron

قاوەیی

gris

بۆر

noir

ڕەش

beaucoup / peu

زۆر / کەم

fâché / calme

تووره / لەسەرخۆ

joli / laid

جوان / ناجوان

le début / la fin

سەرەتا / کۆتایی

grand / petit

گەوره / چکۆڵە

clair / obscure

رووناک / تاریک

frère / soeur

برا / خوشک

propre / sale

خاوێن / چڵکن

complet / incomplet

تەواو / ناتەواو

le jour / la nuit

رۆژ / شەو

mort / vivant

مردوو / زیندوو

large / étroit

پان / تەنگ

comestible / incomestible

خۆش / ناخۆش

méchant / gentil

نمگریس / بمبزمیی

excité / ennuyé

وروژاو / بێزار

gros / mince

قەڵەو / لاواز

le premier / le dernier

یمکەم / ناخر

l'ami / l'ennemi

دۆست / دوژمن

plein / vide

پڕ / خاڵی

dur / souple

ڕەق / نەرم

lourd / léger

قورس / سووک

faim / soif

برسی / توونی

malade / sain

نەخۆش / ساڵامەت

illégal / légal

نایاسایی / یاسایی

intelligent / stupide

زیرەک / گەمژە

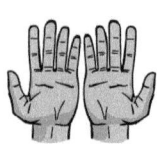

gauche / droite

چەپ / ڕاست

proche / loin

نزیک / دوور

nouveau / usé

نوێ / کۆن، بمکارهاتوو

rien / quelque chose

هیچ شتێک / شتێک

vieux / jeune

پیر / لاو

marche / arrêt

هەڵکراو / کوژاوه

ouvert / fermé

کراوه / داخراو

faible / fort

بێدهنگ / دهنگی بهرز

riche / pauvre

دهوڵهمهند / ههژار

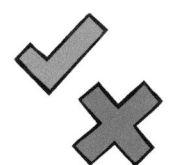

correct / incorrect

راست / هەڵه

rugueux / lisse

زبر / ساف

triste / heureux

خهمین / خۆشحاڵ

court / long

کورت / درێژ

lent / rapide

هێواش / خێرا

mouillé / sec

تهڕ / وشک

chaud / froid

گهرم / فێنک

la guerre / la paix

شهڕ / ئاشتی

0
zéro

سیفر

1
un / une

یەک

2
deux

دوو

3
trois

سێ

4
quatre

چوار

5
cinq

پێنج

6
six

شەش

7
sept

حەوت

8
huit

هەشت

9
neuf

نۆ

10
dix

دە

11
onze

یازده

12

douze
....
دوازده

13

treize
....
سێزده

14

quatorze
....
چوارده

15

quinze
....
پازده، پانزه

16

seize
....
شازده

17

dix-sept
....
حەڤده

18

dix-huit
....
هەژده

19

dix-neuf
....
نۆزده

20

vingt
....
بیست

100

cent
....
سەد

1.000

mille
....
هەزار

1.000.000

le million
....
میلیۆن

l'anglais

نینگلیزی

l'anglais américain

نینگلیزی ئەمەریکی

le chinois mandarin

چینی ماندارین

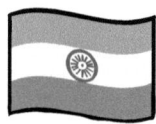

le hindi

هیندی

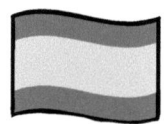

l'espagnol

ئیسپانی

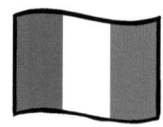

le français

فەرەنسی

l'arabe

عەرەبی

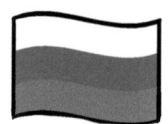

le russe

رووسی

le portugais

پۆرتوگالی

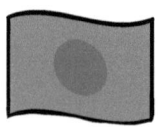

le bengali

بەنگالی

l'allemand

ئاڵمانی

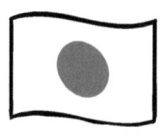

le japonais

ژاپۆنی

je

من

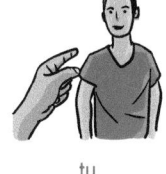

tu

تۆ

♂ ♀ o

il / elle / ce, c', cela

ئەو

nous

ئێمە

vous

ئێوه

ils / elles

ئەوان

Qui ?

کێ؟

Quoi ?

چی؟

Comment ?

چۆن؟

Où ?

لەکوێ؟

Quand ?

کەنگێ؟ کەی؟

le nom

ناو

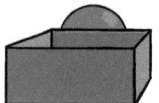

derrière

لەپشت

dans

لە

devant

لەپێش

au-dessus

سەرێ

sur

لەسەر

en-dessous

ژێر

à côté de

لە تەنیشت

entre

لەنێوان

le lieu

شوێن، جێ